www.ingramcontent.com/pod-product-compliance
Lightning Source LLC
Chambersburg PA
CBHW031552210526
45464CB00003B/1277
* 9 7 8 1 9 8 1 3 2 4 6 1 3 *